Impressum
Verlag: BABADADA GmbH, Nedderfeld 112 , 22529 Hamburg
Geschäftsführer / Verlagsleitung: Harald Hof
Druck: Books on Demand GmbH, In de Tarpen 42, 22848 Norderstedt

Imprint
Publisher: BABADADA GmbH, Nedderfeld 112 , 22529 Hamburg, Germany
Managing Director / Publishing direction: Harald Hof
Print: Books on Demand GmbH, In de Tarpen 42, 22848 Norderstedt

school

sekolo

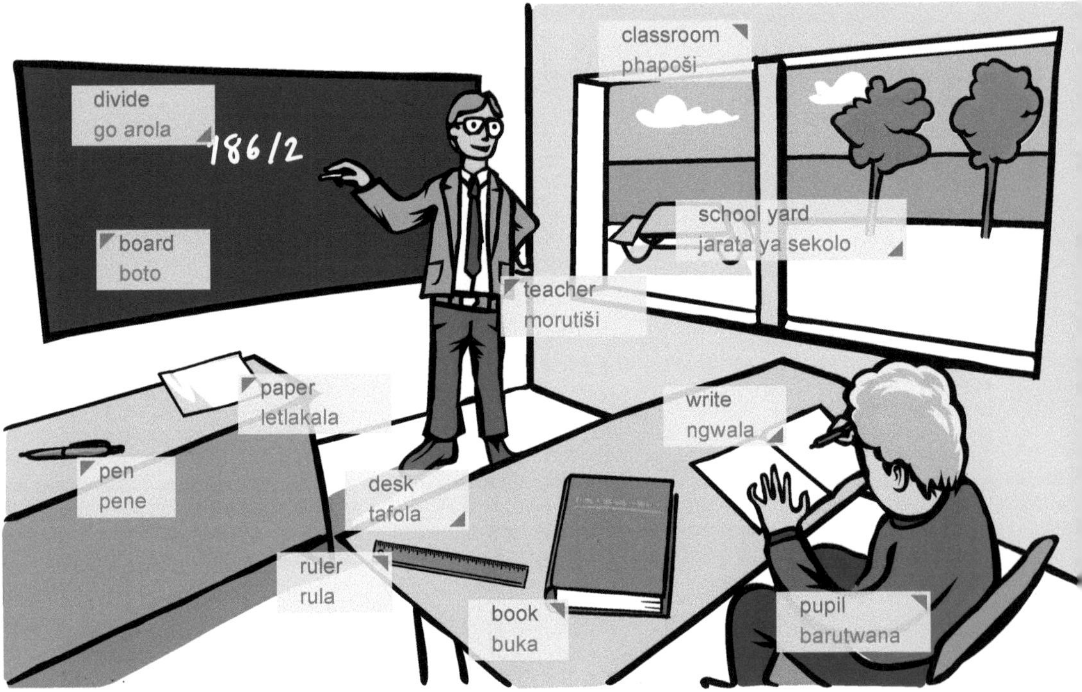
classroom
phapoši
divide
go arola
186/2
board
boto
school yard
jarata ya sekolo
teacher
morutiši
paper
letlakala
write
ngwala
pen
pene
desk
tafola
ruler
rula
book
buka
pupil
barutwana

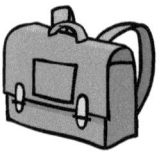

satchel

peke

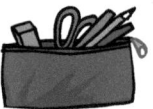

pencil case

kheise ya phensele

pencil

phensele

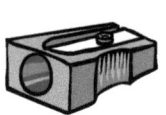

pencil sharpener

motšhene wa go betla phensele

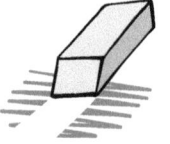

rubber

rabhara

drawing pad

phede ya ho thala

drawing

go thala

paintbrush

borashe ya go penta

paint box

lepokisi la go penta

scissors

sekero

glue

sekgomaretši

exercise book

puku ya go ngwala

homework

mošomo wa gae

number

nomoro

add

tlatša

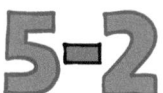

subtract

go ntšha

multiply

go atiša

calculate

khalekhuleitha

letter

lengwalo

alphabet

alefapete

word

lentšu

text
mongolo

read
bala

chalk
tšhoko

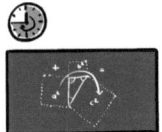

lesson
thuto

register
puku ya maina

exam
thuto

certificate
setifikeite

school uniform
diaparo tša sekolo

education
thuto

encyclopedia
encyclopedia

university
yunibesithi

microscope
maekrosekoupo

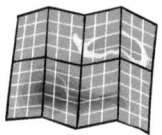

map
mmapa

waste-paper basket
pasekete ya matlakala a
ditšhila

travel

eta

hotel
hotele
Grand
hostel
hosetele
ROOMS
EXCHANGE
bureau de change
lefelo la go fetola tšhelete
car
koloi

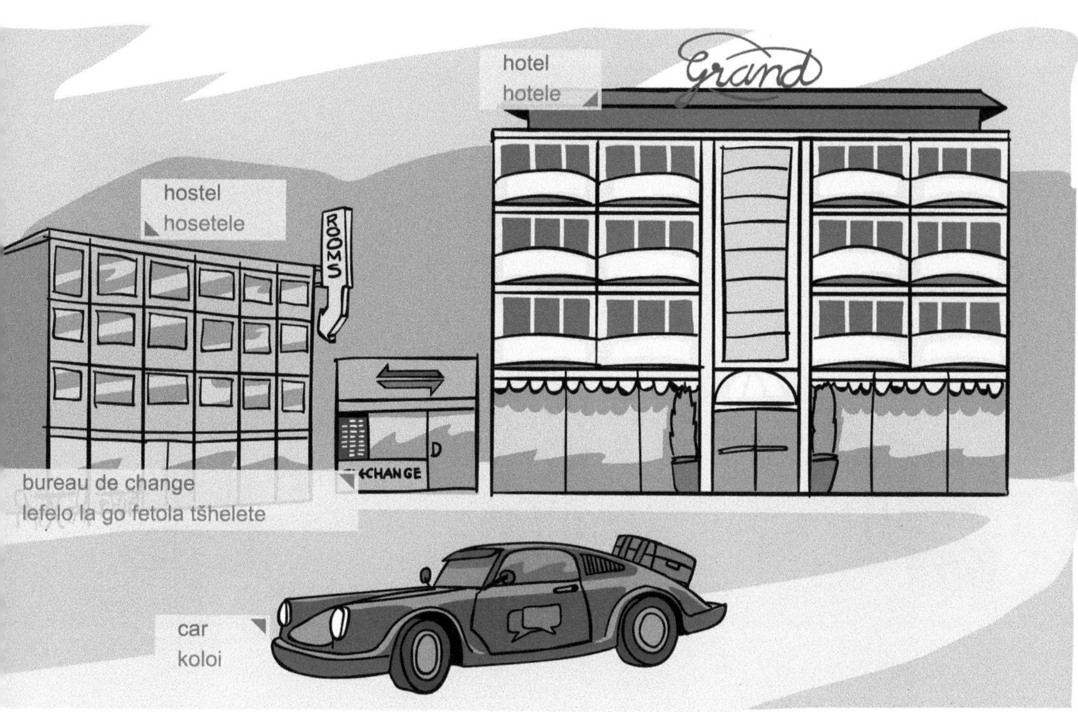

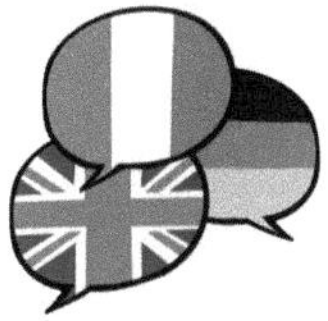

language

Leleme

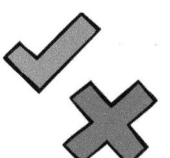

yes / no

ee / aowa

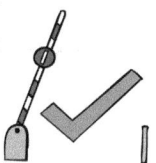

Okay

Go lokile

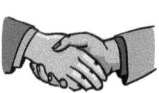

hello

Dumela

translator

mofetoledi

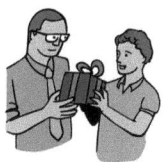

Thank you

Re a leboga

how much is…?

... ke bokae?

I do not understand

ga ke kwešiše

problem

bothata

Good evening!

Thobela!

Good morning!

Meso e mebotse!

Good night!

Robala botse!

bye bye

šala gabotse

direction

keletšo ya tsela

luggage

peke

bag

peke

backpack

mokotla wa dipuku

guest

moeng

room

phapoši

sleeping bag

pekana ya go robala

tent

mokhukhu

tourist information

boitsebišo bja moeti

beach

lewatleng

credit card

karata ya mokitlana

breakfast

dijo tša mesong

lunch

matena

dinner

dijo tša mantšiboa

ticket

thikethe

lift

lifithi

stamp

setempe

border

border

customs

setlwaedi

embassy

embassy

visa

visa

passport

phasepoto

transport

senamelwa

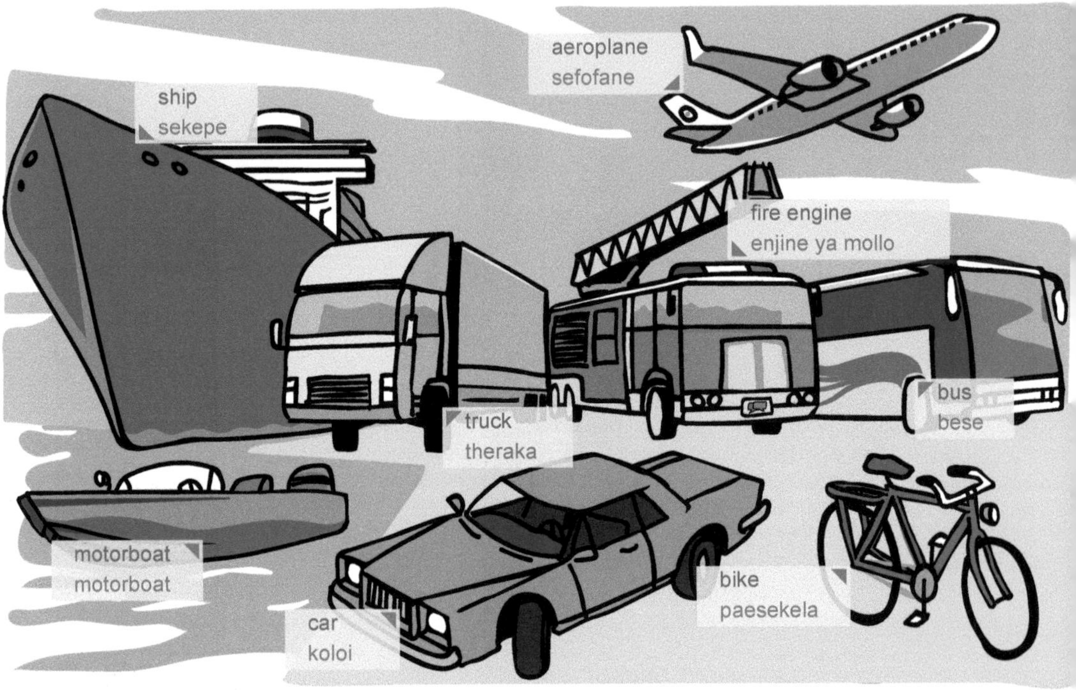
aeroplane
sefofane
ship
sekepe
fire engine
enjine ya mollo
bus
bese
truck
theraka
motorboat
motorboat
bike
paesekela
car
koloi

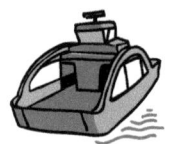

ferry

feri

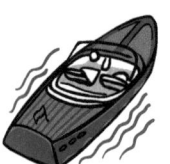

boat

sekepe

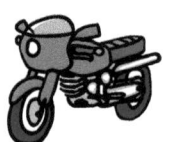

motorbike

sethuthuthu

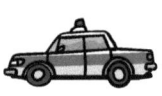

police car

koloi ya maphodisa

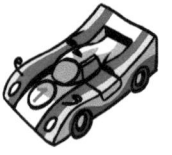

racing car

koloi ya go šiašiana

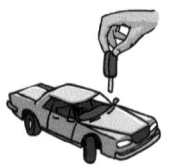

rental car

koloi ya go rentišwa

car sharing

go arogana koloi

breakdown truck

theraka ya go goga

refuse truck

theraka ya ditlakala

motor

mmotho

fuel

makhura

petrol station

seteišene sa makhura

traffic sign

leswao la therafiki

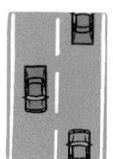

traffic

therafiki

traffic jam

therafiki

car park

lefelo la go phaka dikoloi

train station

seteišene sa terene

tracks

tsela

train

terene

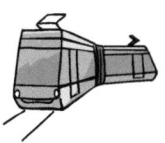

tram

theramo

carriage

koloi

helicopter

sefofane

airport

boemafofane

tower

serokami

passenger

monamedi

container

seswari

carton

lepokisana

cart

khathe

basket

basket

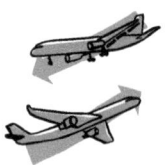

take off / land

go tloga / go kwatama

city

toropo

village

motse

city centre

bogareng bja toropo

house

ntlo

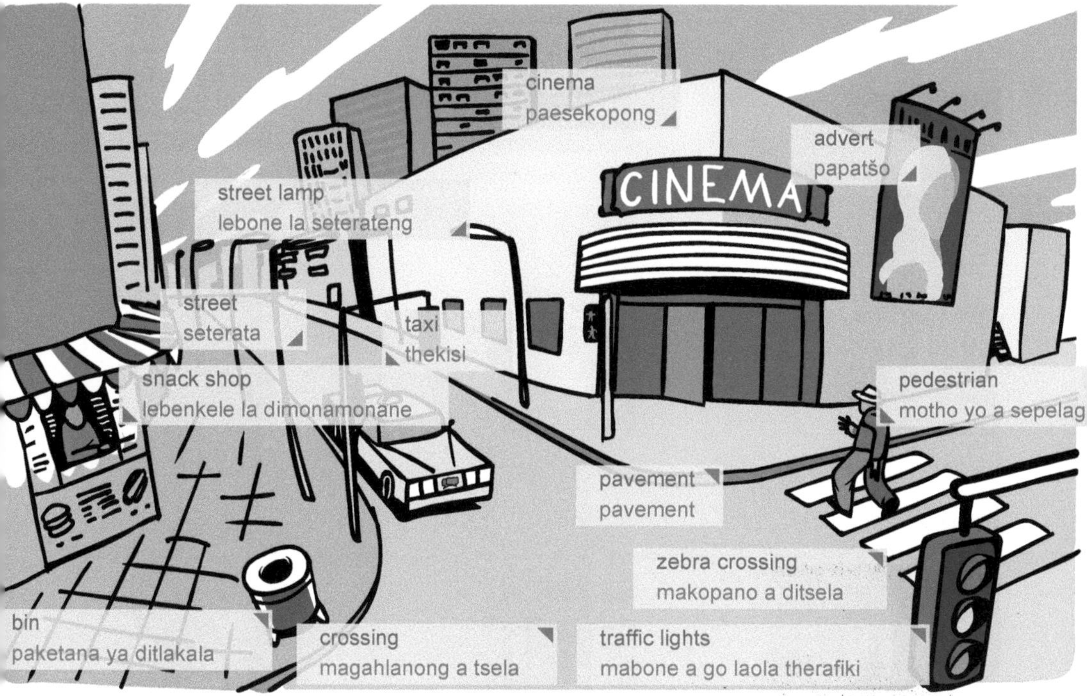

cinema
paesekopong

advert
papatšo

street lamp
lebone la seterateng

CINEMA

street
seterata

taxi
thekisi

snack shop
lebenkele la dimonamonane

pedestrian
motho yo a sepelag

pavement
pavement

zebra crossing
makopano a ditsela

bin
paketana ya ditlakala

crossing
magahlanong a tsela

traffic lights
mabone a go laola therafiki

hut

mokutwana

flat

folete

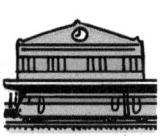

train station

seteišene sa terene

town hall

holo ya toropong

museum

museamo

school

sekolo

university

yunibesithi

bank

panka

hospital

sepetlele

hotel

hotele

pharmacy

lebenkele la dihlare

office

ofisi

book shop

lebenkele la dipuku

shop

lebenkele la dijo

florist's

lebenkele la matšoba

supermarket

lebenkele la dihlare

market

mmakete

department store

lebenkele la dilo tše dintši

fishmonger's

fishmonger's

shopping centre

lefelo la mabenkele

harbour

boemakepe

park

phaka

bench

bench

bridge

leporogo

stairs

ditepisi

underground

ka tlase

tunnel

thanele

bus stop

boemela pese

bar

bar

restaurant

lebenkele la dijo

postbox

lepokisi la poso

street sign

leswao la seterata

parking meter

mithara wa go phaka koloi

zoo

zuu

swimming pool

letamo la go rutha

mosque

lefelo la mamoseleme

farm	pollution	graveyard
polasa	tšhilafalo	mabitla

church		
kereke	playground	temple
	lefelo la go bapala	tempele

landscape
lefelo la dithaba

signpost
leswao la tsela

way
tsela

meadow
lefelo kgauswi le noka

stone
letlapa

tree
mohlare

hiker
mophara thaba

river
noka

grass
bjang

flower
letšoba

valley

tsela

hill

thaba

lake

letangwana la meetsi

forest

sethokgwa

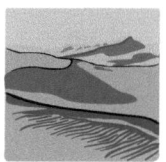

desert

leganata

volcano

thabamollo

castle

ntlo e kgolo

rainbow

molalatladi

mushroom

mushroom

palm tree

palm tree

mosquito

monang

fly

fofa

ant

ditšhošwane

bee

nosi

spider

segokgo

landscape - lefelo la dithaba

beetle

khunkhwane

frog

segwagwa

squirrel

squirrel

hedgehog

noko

hare

mmutla

owl

leribiši

bird

nonyana

swan

mogolodi

boar

kolobe ya naga

deer

phuthi

moose

phuthi

dam

letamo

wind turbine

wind turbine

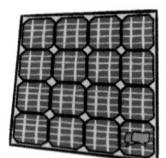

solar panel

phanele ya solar

climate

leratadima

restaurant
lebenkele la dijo

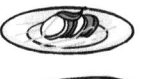

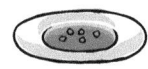

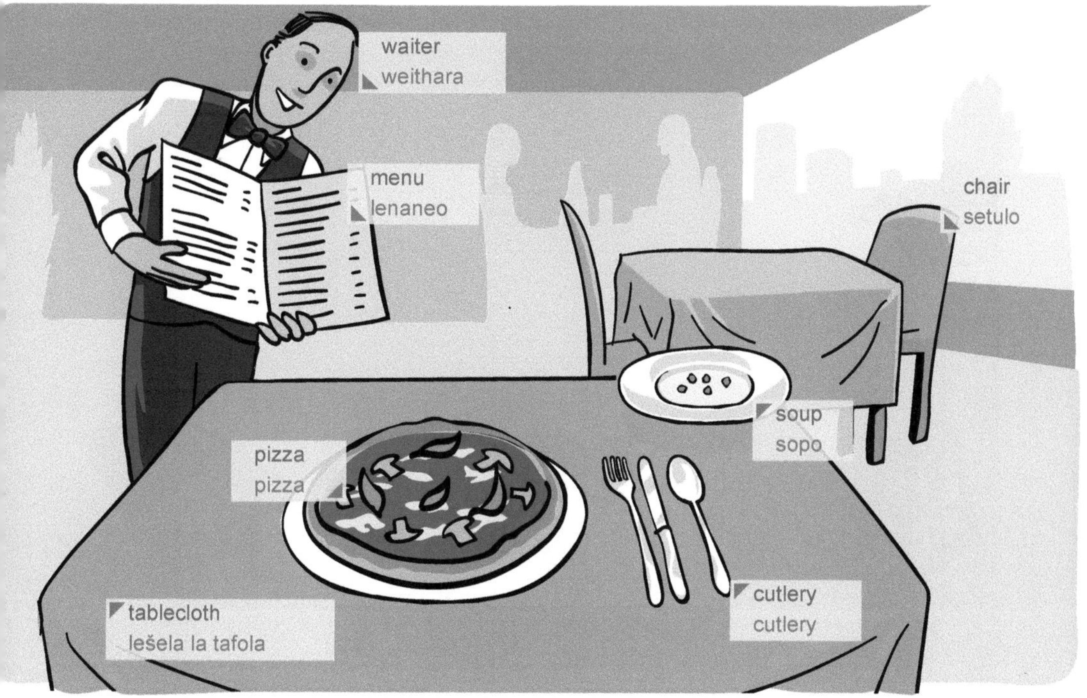
waiter
weithara
menu
lenaneo
chair
setulo
soup
sopo
pizza
pizza
tablecloth
lešela la tafola
cutlery
cutlery

starter

dijo tša mathomo

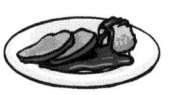

main course

dijo

dessert

dimonamonane

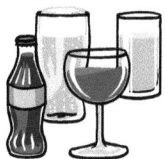

drinks

dino

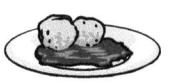

food

dijo

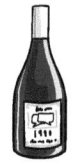

bottle

lepotlelo la ngwana

fast food

fastfood

street food

dijo tša seterateng

teapot

ketlele ya tea

sugar bowl

poleitana swikiri

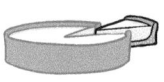

portion

karolo

espresso machine

motšhene wa espresso

high chair

setulo sa godimo

bill

tefo

tray

therei

knife

thipa

fork

foroko

spoon

lelepola

teaspoon

lelepola

serviette

lešela la go iphomola

glass

galase

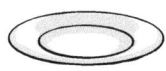

plate

poleite

soup plate

poleite ya sopo

saucer

sosara

sauce

moroto

salt pot

poto ya letswai

pepper mill

sešila phepha

vinegar

vinegar

oil

makhura

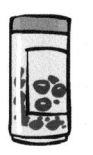

spices

sepaese

ketchup

tamatisoso

mustard

masetete

mayonnaise

mayonnaise

supermarket
lebenkele la dihlare

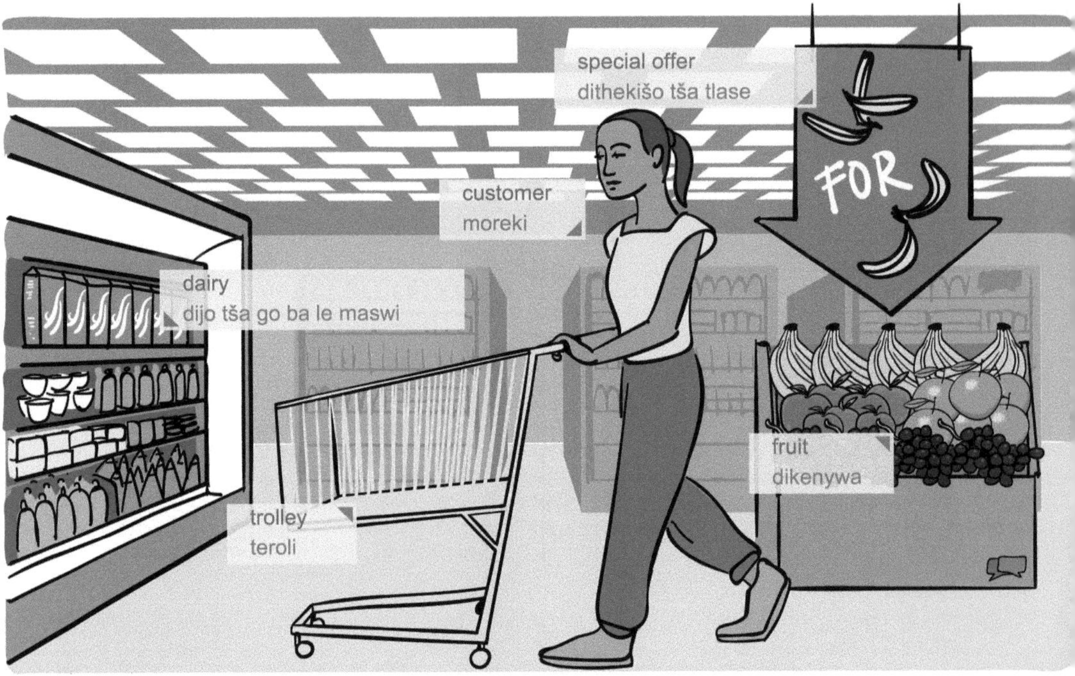

special offer
dithekišo tša tlase
FOR
customer
moreki
dairy
dijo tša go ba le maswi
fruit
dikenywa
trolley
teroli

BUTCHERS

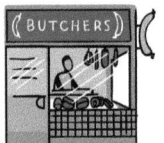

butcher´s

selaga

BAKERY

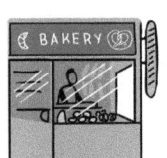

baker´s

moapei wa dikuku

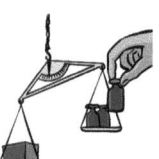

weigh

kala

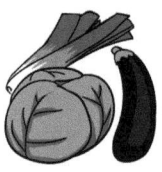

vegetables

merogo

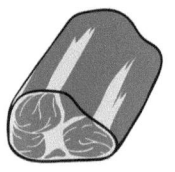

meat

nama

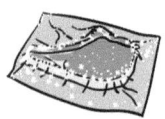

frozen food

dijo tše gahlišitšwego

cold meat

nama ya go tonya

tinned food

tinned food

washing powder

sešepi sa go hlatswa

sweets

dimonamonane

household products

dilo tša ka ntlong

cleaning products

didirišwa tša go hlwekiša

salesperson

morekiši

till

till

cashier

morekiši

shopping list

lenaneo la tše rekišwago

opening hours

diiri tša go bula

wallet

sepatšhe

credit card

karata ya mokitlana

bag

peke

plastic bag

peke ya polasetiki

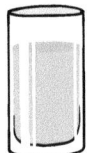

water

meetsi

juice

Juice

milk

maswi

coke

coke

wine

beine

beer

bhiri

alcohol

bjala

cocoa

cocoa

tea

tea

coffee

kofi

espresso

espresso

cappuccino

cappuccino

banana

banana

apple

apola

orange

namome

melon

melon

lemon

namone

carrot

carrot

garlic

garlic

bamboo

bamboo

onion

keiye

mushroom

mushroom

nuts

ditokomane

noodles

noodles

spaghetti

spaghetti

rice

raese

salad

salate

chips

ditšhipisi

fried potatoes

matapola a gadikilwego

pizza

pizza

hamburger

hambeka

sandwich

sandwich

cutlet

cutlet

ham

ham

salami

salami

sausage

sausage

chicken

kgogo

roast

gadika

fish

hlaphi

food - dijo

porridge oats

bogobe bja oats

muesli

muesli

cornflakes

cornflakes

flour

folouro

croissant

croissant

bread roll

dipanse

bread

borotho

toast

toaster

biscuits

dipisikiti

butter

botoro

curd

curd

cake

kuku

egg

lee

fried egg

lee le gadikilwego

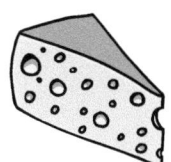

cheese

tshese

ice cream

ice cream

sugar

swikiri

honey

todi ya dinosi

jam

jeme

chocolate spread

chocolate spread

curry

curry

farm

polasa

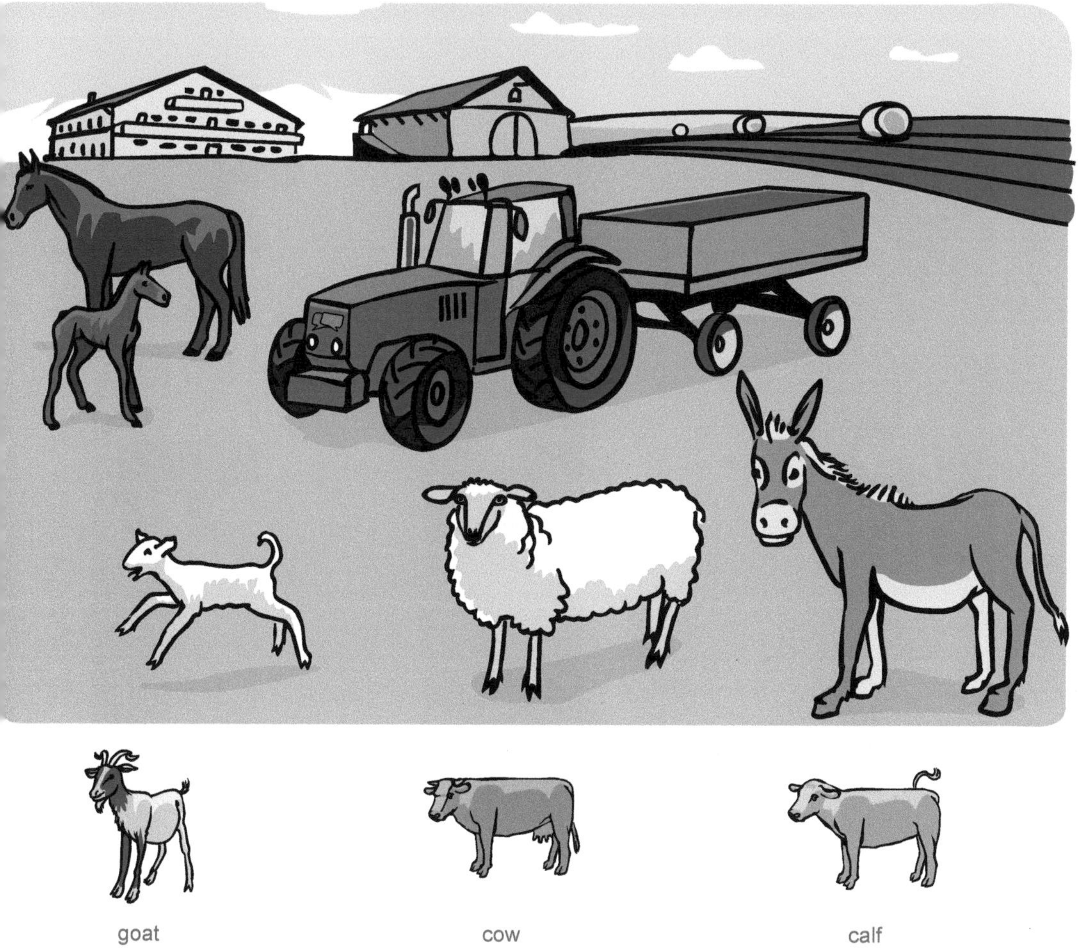

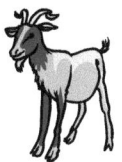

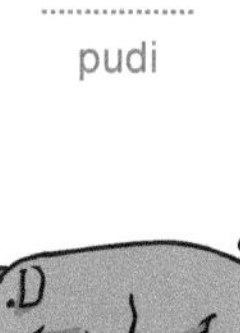

goat

pudi

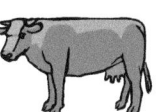

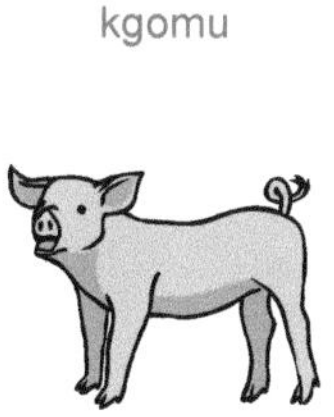

cow

kgomu

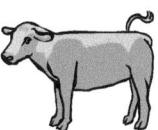

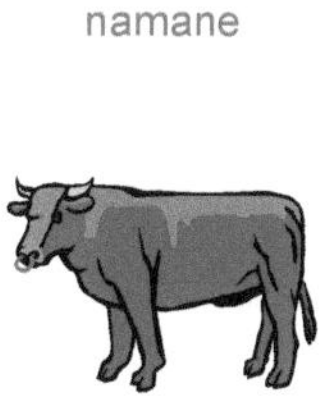

calf

namane

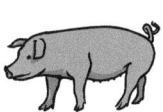

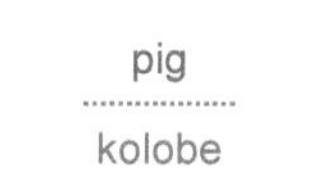

pig

kolobe

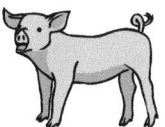

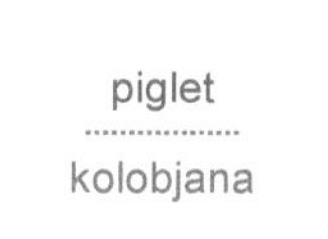

piglet

kolobjana

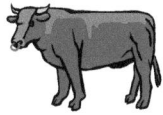

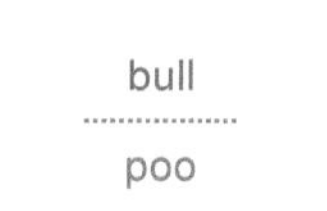

bull

poo

goose

leganse

duck

leganse

chick

letswienyane

hen

kgogo

cock

mokoko

rat

legotlo

cat

katse

mouse

legotlo

ox

pholo

dog

mpšha

doghouse

ntlwana ya mpšha

garden hose

lethompo la seratswana

watering can

khene ya meetse

scythe

peke

plough

megoma ya terekere

sickle

sekele

hoe

mogoma

pitchfork

foroko

axe

selepe

wheelbarrow

kiribai

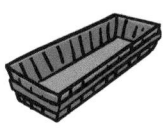

trough

letangwana la meetsi

milk can

khene ya maswi

sack

lesaka

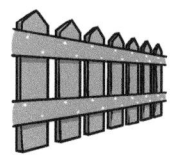

fence

fense

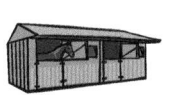

stable

stable

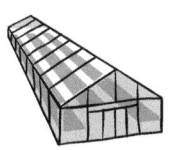

greenhouse

ntlwana ya galase ya dihlare

soil

mobu

seed

peu

fertilizer

manyora

combine harvester

motšhene wa go buna

farm - polasa

harvest

buna

harvest

buna

yams

tse monate

wheat

korong

soy

soy

potato

letapola

corn

korong

rapeseed

rapeseed

fruit tree

mohlare wa dikenywa

cassava

cassava

cereals

disereale

living room

phapoši ya go dula

bathroom

kamora ya go hlapela

kitchen

boapeelo

bedroom

phapoši ya go robala

child's room

phapoši ya bana

dining room

lefelo la boiketlo

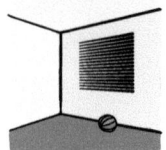

floor

fase

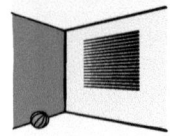

wall

lebota

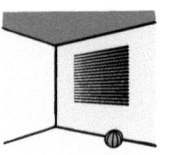

ceiling

siling

cellar

cellar

sauna

sauna

balcony

letsikangope

terrace

lelapa

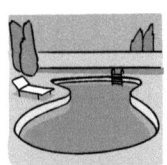

pool

letamo la go rutha

lawn mower

motšhene wa go sega bjang

sheet

lešela la go iphomola

bedspread

lešela la mpeto

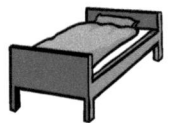

bed

mpeto

broom

leswielo

bucket

pakete

switch

pholaka

living room
phapoši ya go dula

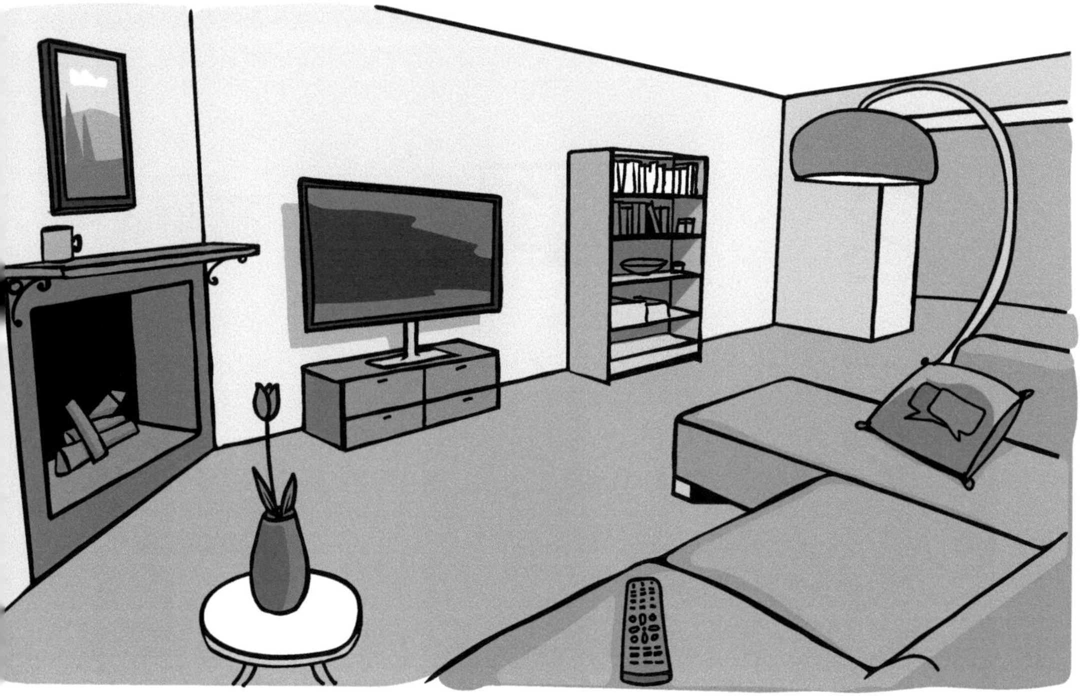

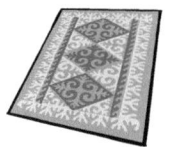

carpet

khaphete

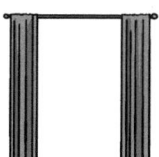

curtain

garetene

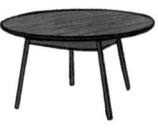

table

tafola

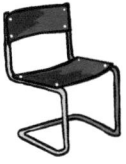

chair

setulo

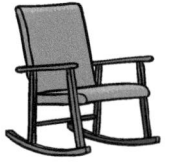

rocking chair

rocking chair

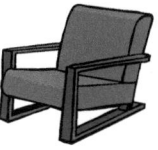

armchair

armchair

book
....
buka

blanket
....
kobo

decoration
....
bokgabišo

firewood
....
dikota tša mollo

film
....
filimi

hi-fi equipment
....
sedirišwa sa hi-fi

key
....
senotlelo

newspaper
....
kuranta

painting
....
go penta

poster
....
phouseta

radio
....
radio

notepad
....
pukwana ya go ngwala

hoover
....
motšhene wa go hlwekiša

cactus
....
mohlašana wa cactus

candle
....
kerese

kitchen
boapeelo

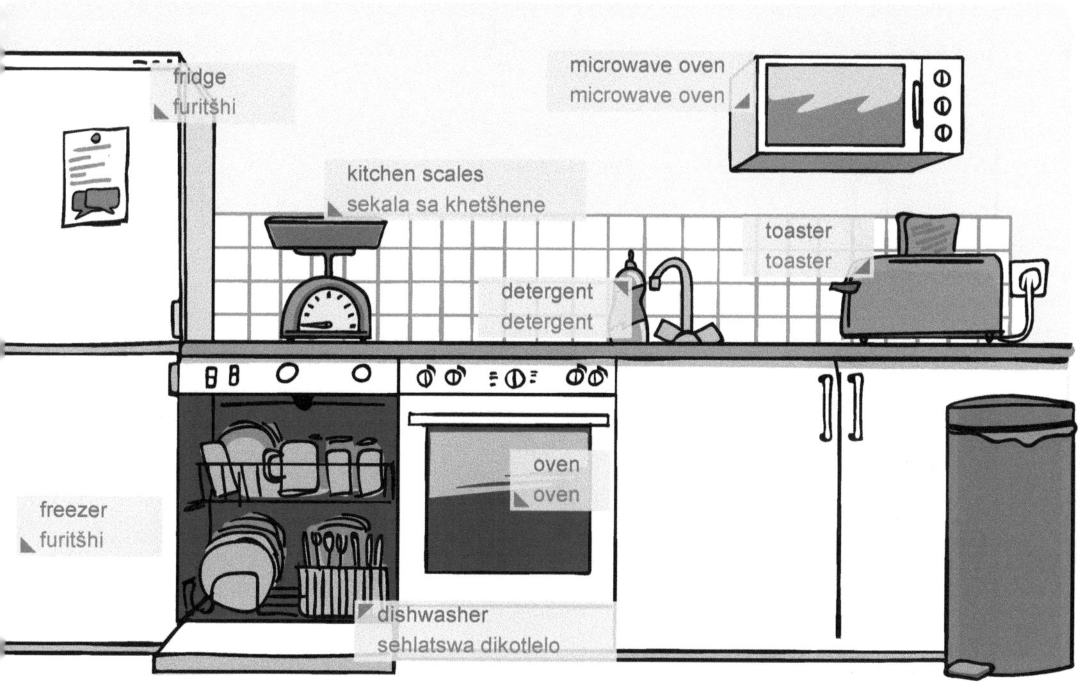

fridge
furitšhi
microwave oven
microwave oven
kitchen scales
sekala sa khetšhene
toaster
toaster
detergent
detergent
oven
oven
freezer
furitšhi
dishwasher
sehlatswa dikotlelo

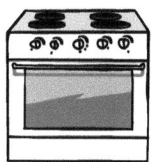

cooker

moapei

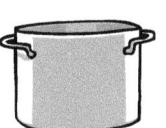

pot

pitša

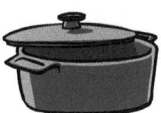

cast-iron pot

cast-iron pot

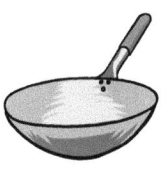

wok / kadai

wok / kadai

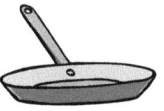

pan

pane

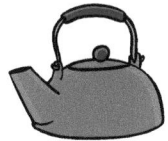

kettle

ketlele

steamer

steamer

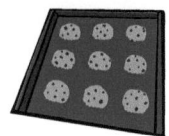

baking tray

therei ya go paka

crockery

dikotlelo

mug

komiki

bowl

mogopo

chopsticks

diphathana tša go ja

ladle

lelepola la ladle

spatula

spatula

whisk

whisk

strainer

strainer

sieve

sefo

grater

kereitara

mortar

mortar

barbecue

barbecue

open fire

thuntšha

chopping board
boto ya dijo

rolling pin
rolling pin

corkscrew
sebula lepotlelo

can
khene

can opener
sebula khene

pot holder
seswara dipoto

sink
sinki

brush
borashe

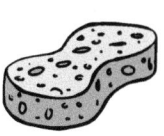

sponge
sepontše

blender
sehlakanyi

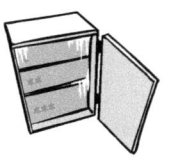

deep freezer
freezer

baby bottle
lepotlelo la ngwana

tap
pompi

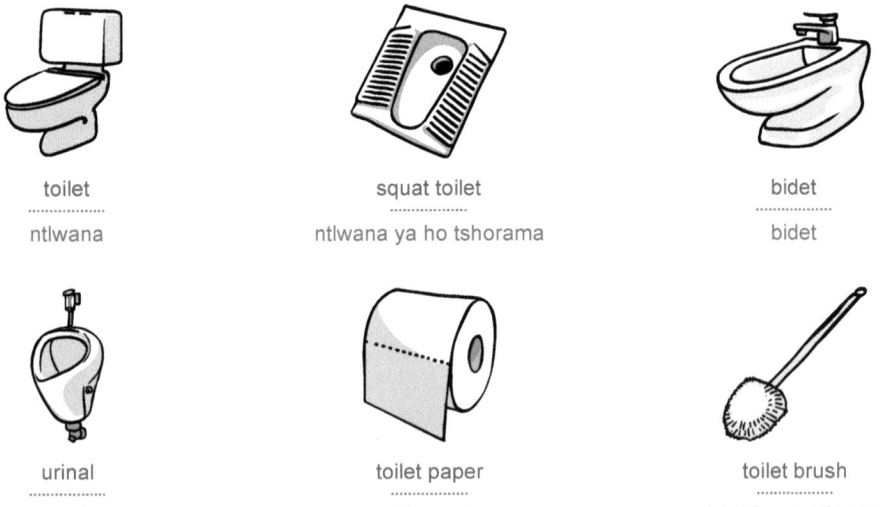

bathroom
kamora ya go hlapela

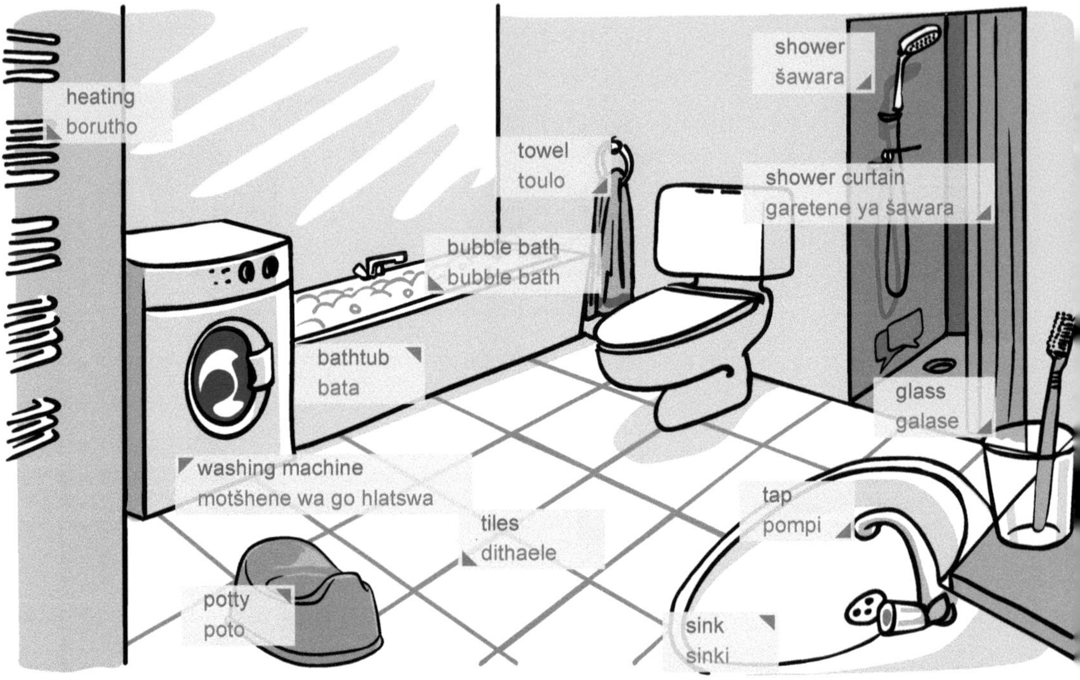
heating
borutho
towel
toulo
shower
šawara
shower curtain
garetene ya šawara
bubble bath
bubble bath
bathtub
bata
glass
galase
washing machine
motšhene wa go hlatswa
tap
pompi
tiles
dithaele
potty
poto
sink
sinki

toilet

ntlwana

squat toilet

ntlwana ya ho tshorama

bidet

bidet

urinal

moroto

toilet paper

pampiri ya ntlwana

toilet brush

boraše ya ntlwana

toothbrush

boraše ya ho hlapa meno

toothpaste

sešepi sa meno

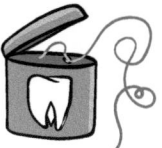

dental floss

floss ya meno

wash

hlatswa

handheld shower

shawara ya go swarwa ka matsogo

douche

douche

basin

basin

back brush

back brush

soap

sešepi

shower gel

sešepi sa ka šawareng

shampoo

shampoo

flannel

folene

drain

drain

cream

sa go tlola

deodorant

senkgiša bose

mirror

seipone

hand mirror

sepili se senyenyane

razor

legare

shaving foam

shaving foam

aftershave

aftershave

comb

kamo

brush

boraše

hair dryer

derayara ya moriri

hairspray

setlola sa moriri

makeup

makeup

lipstick

setlola sa molomo

nail varnish

varnish ya manala

cotton wool

wulu

nail scissors

sekero sa dinala

perfume

phefumo

bathroom - kamora ya go hlapela

washbag

pekana ya tša go hlapa

stool

setulo

weighing scale

sekala

bathrobe

toulwana ya go hlapa

rubber gloves

ditlelafo tša rabara

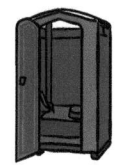

tampon

tampon

sanitary towel

toulo ya go phumula
matsogo

chemical toilet

ntlwana ya dikhemikhale

child's room
phapoši ya bana

alarm clock
watšhe ya alamo
cuddly toy
mpopi
toy car
koloi ya go bapadiša
rattle
rattle ya bana
doll's house
ntlo ya mepopi
present
present

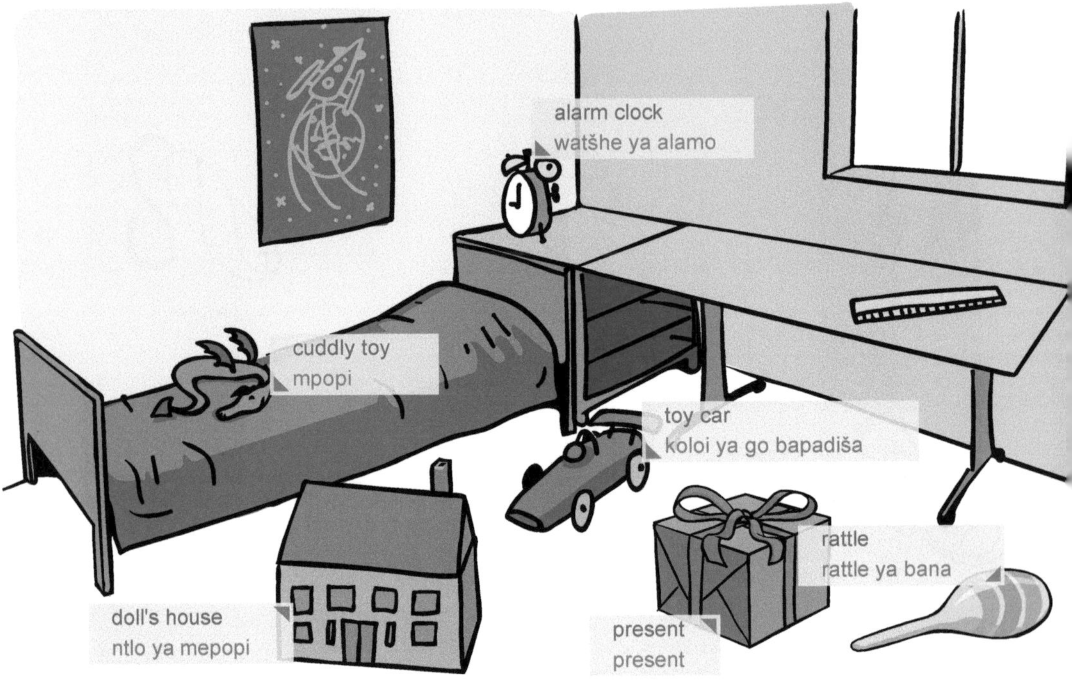

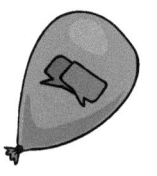

balloon

baluni

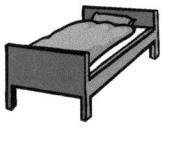

bed

mpeto

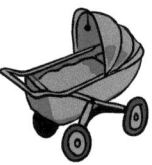

pram

phorema

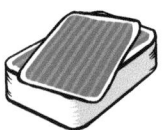

deck of cards

dikarata

jigsaw

papadi ya jigsaw

SUPER
MEGA

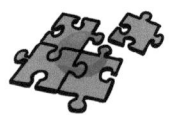

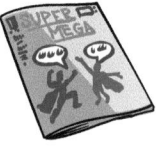

comic

metlae

lego bricks

papadi ya lego bricks

building blocks

papadi ya building blocks

action figure

action figure

babygrow

go gola ga ngwana

frisbee

papadi ya Frisbee

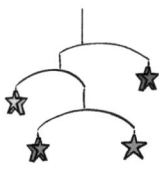

mobile

mobile

board game

papadi ya boto

dice

letaese

model train set

model train set

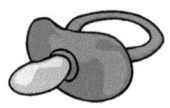

dummy

tami

party

phathi

picture book

puku ya dinepe

ball

kgwele

doll

mpopi

play

bapala

sandpit

sandpit

swing

swing

toys

tša go bapadiša

video game console

sedirišwa sa dipapadi tša bidio

tricycle

paesekele ya bana

teddy bear

teddy bear

wardrobe

oteropo

clothing

diaparo

socks

masokisi

stockings

masokisi

tights

pentihouso

scarf
sekhafo

umbrella
amporela

belt
lepanta

t-shirt
sekhipha

boots
diputsu

slippers
deselephara

trainers
diteki

sandals
ramphešane

shoes
dieta

rubber boots
diputsu tša rabara

underpants
borokgwana bja ka fase

bra
seaparo sa bra

vest
besete

clothing - diaparo

body

mmele

trousers

marokgo

jeans

pokathe

skirt

sekhethe

blouse

seaparo sa blouse

shirt

hempe

pullover

jase

hoodie

jase

blazer

seaparo sa blazer

jacket

baki

coat

jase

raincoat

jase ya pula

costume

khosetumo

dress

roko

wedding dress

lešira

suit
....
sutu

nightgown
....
seaparo sa go robala

pyjamas
....
dipejama

sari
....
sari

headscarf
....
sekafo

turban
....
turban

burqa
....
seaparo sa burqa

kaftan
....
roko ya kaftan

abaya
....
abaya

swimsuit
....
seaparo sa go rutha

trunks
....
diteranka

shorts
....
marukgwana a manyenyane

tracksuit
....
terekesutu

apron
....
apron

gloves
....
ditlelafo

button

konope

glasses

digalase

bracelet

boreiselete

necklace

nekeleise

ring

palamonwana

earring

lengena

cap

kepisi

coat hanger

hengere ya jase

hat

kefa

tie

thai

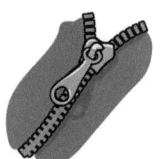

zip

zip

helmet

helmete

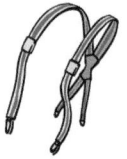

braces

braces

school uniform

diaparo tša sekolo

uniform

unifomo

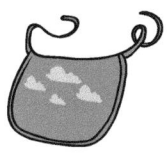

bib

seaparo sa bib

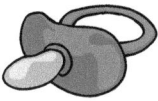

dummy

tami

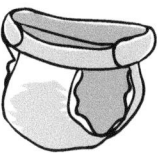

nappy

mongato

office
ofisi

server
sebara
filing cabinet
lekase la difaele
printer
phrinthara
paper
letlakala
monitor
monitharaw
mouse
mouse
desk
tafola
folder
foldara
keyboard
keybhoto
e-paper basket
ekete ya matlakala a ditšhila
chair
setulo
computer
khomphutha

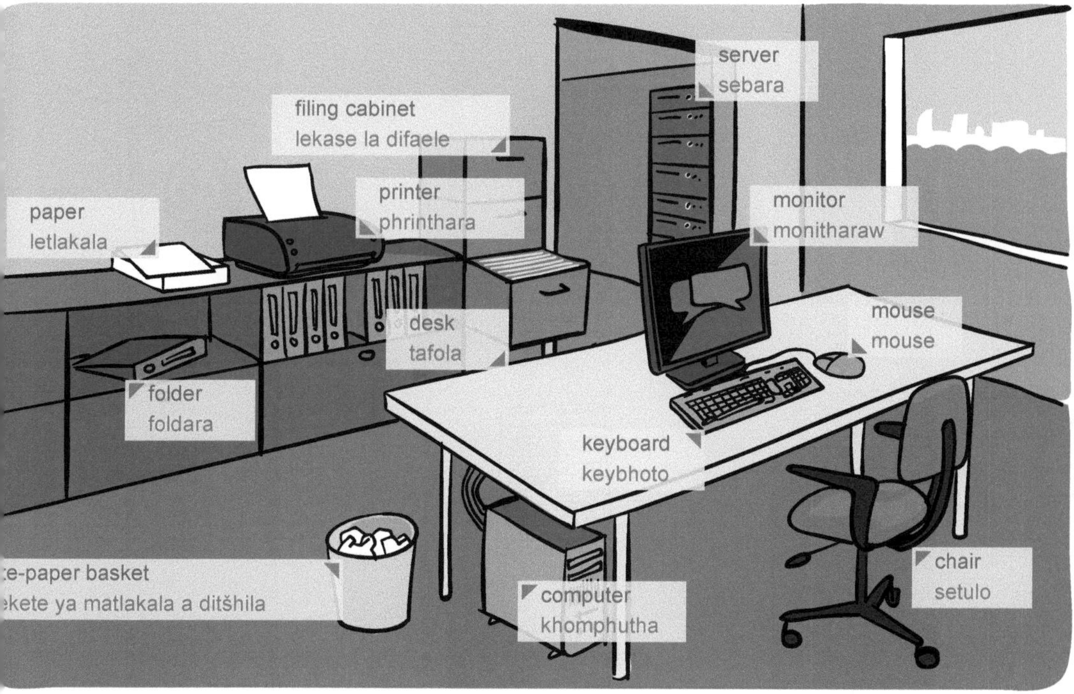

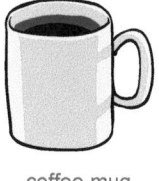

coffee mug

komiki ya kofi

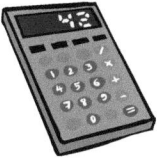

calculator

khalekhuleitha

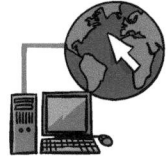

internet

inthanete

laptop

laptop

letter

lengwalo

message

molaetša

mobile

mogalathekeng

network

netweke

photocopier

motšhene wa go photokhopa

software

software

telephone

mogala

plug socket

pholaka ya sokete

fax machine

motšhine wa go fekesa

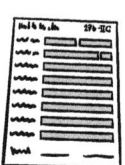

form

fomo

document

dipampiri

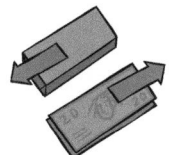

buy

reka

pay

lefa

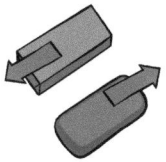

trade

rekiša

money

tšhelete

dollar

dollar

euro

euro

yen

yen

rouble

rouble

Swiss franc

Swiss franc

renminbi yuan

renminbi yuan

rupee

rupee

cashpoint

lefelo la go ntšha tšhelete

bureau de change

lefelo la go fetola tšhelete

gold

gauta

silver

silifera

oil

oil

energy

matla

price

poraese

contract

konteraka

tax

motšhelo

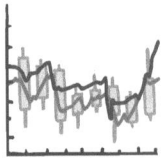

stock

setokho

work

mošomo

employee

mošomi

employer

mothwadi

factory

feketori

shop

lebenkele la dijo

occupations
bodulo

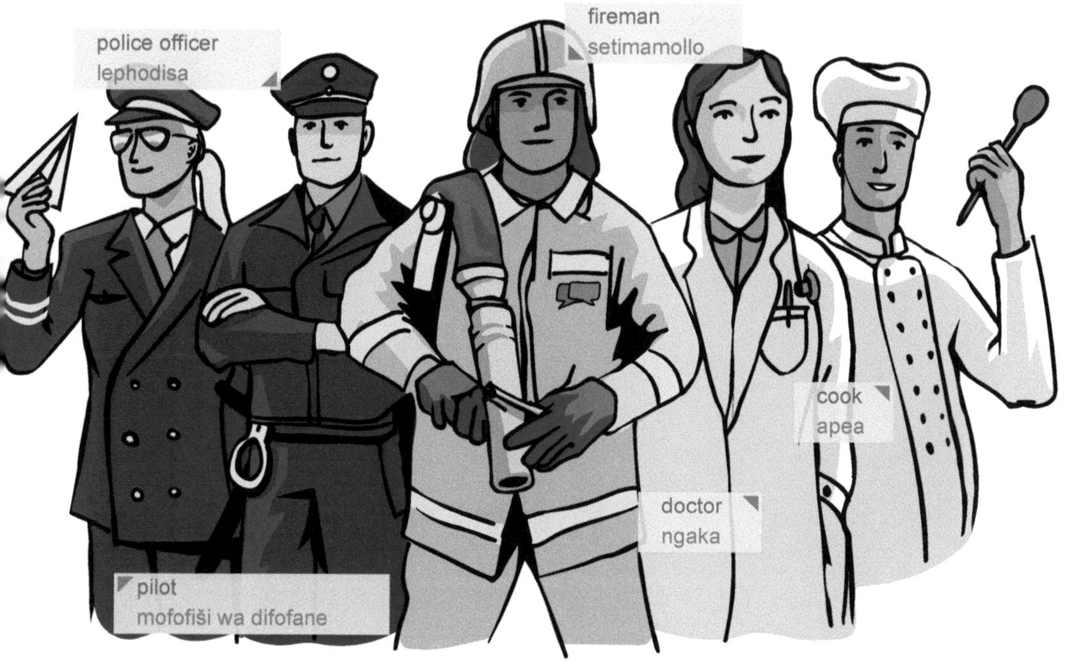
police officer
lephodisa
fireman
setimamollo
cook
apea
doctor
ngaka
pilot
mofofiši wa difofane

gardener
mohlokomedi wa dirapana

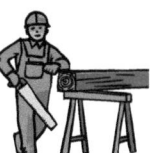

carpenter
mmetli

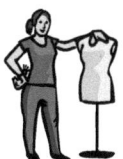

seamstress
moroki

judge
moahlodi

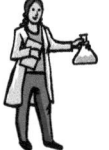

chemist
khemise

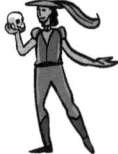

actor
mmapadi

bus driver

mootledi wa pase

taxi driver

mootledi wa thekisi

fisherman

moswara dihlapi

cleaning lady

mosadi wa go hlwekiša

roofer

molokiša marulelo

waiter

weithara

hunter

motsomi

painter

motho wa go penta

baker

mopaki

electrician

electrician

builder

moagi

engineer

moenjeneare

butcher

selaga

plumber

polambara

postman

mosepediši wa poso

soldier

mohlabani

architect

mothadi wa dintlo

cashier

morekiši

florist

molemi wa matšoba

hairdresser

mologi wa moriri

conductor

molaodi

mechanic

mekhenikhe

captain

mokapotene

dentist

ngaka ya meno

scientist

rathutamahlale

rabbi

moruti

imam

moetapele wa dithapelo

monk

monk

clergyman

moruti

tools
didirišwa

hammer
hamola
pliers
tang
screwdriver
screwdriver
torch
lebone
spanner
sepanere

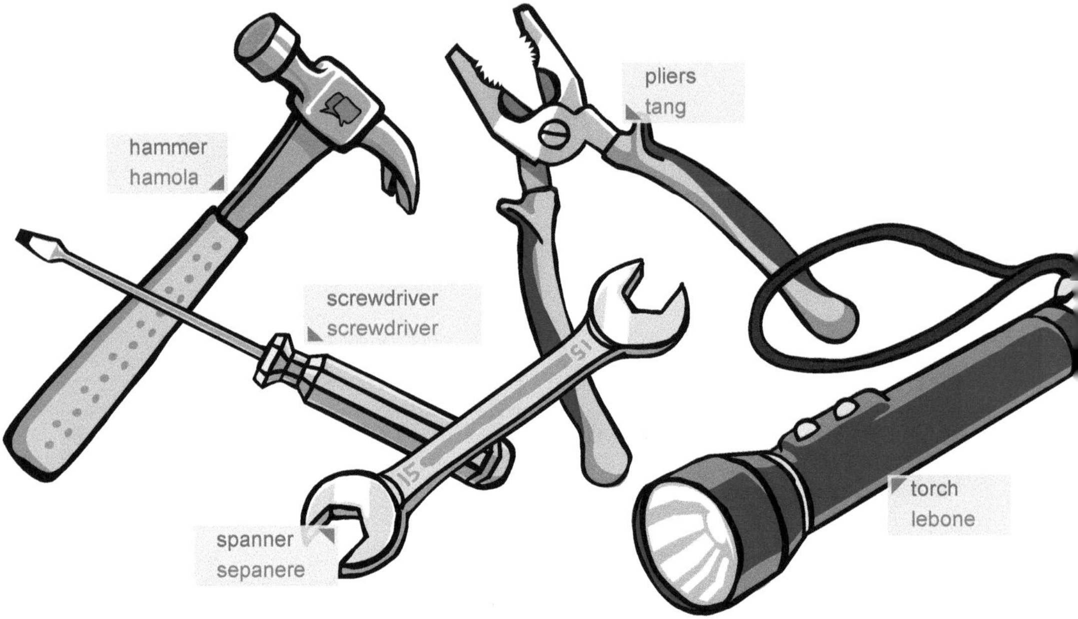

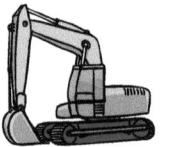

digger
seepi

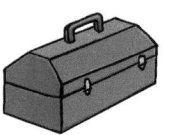

toolbox
lepokisi la dithulusi

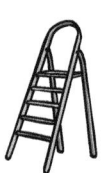

ladder
llere

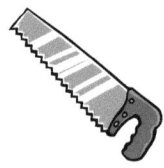

saw
saga

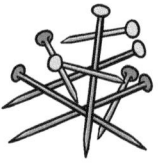

nails
dipikiri

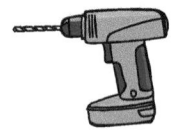

drill
sebori

repair

lokiša

shovel

garafo

Damn!

ijoo!

dustpan

seolela matlakala

paint pot

pitša ya pente

screws

sekurufu

musical instruments
didirišwa tša mmino

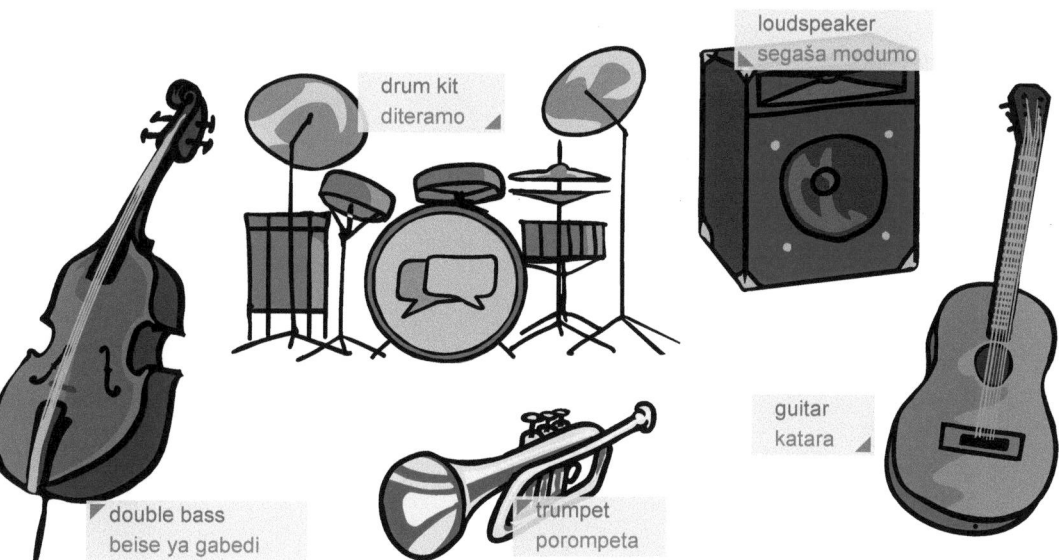

drum kit
diteramo

loudspeaker
segaša modumo

guitar
katara

double bass
beise ya gabedi

trumpet
porompeta

piano

piano

violin

violin

bass

beise

timpani

timpani

drums

diteramo

keyboard

keybhoto

saxophone

saxophone

flute

phala

microphone

mmaekrofouno

tiger
lengau

cage
legaga

zebra
pitse

entrance
tsela ya go tsena

animal feed
dijo tša diphoofolo

panda
bere

animals
diphoofolo

elephant
tlou

kangaroo
kangaroo

rhino
tšhukudu

gorilla
gorilla

bear
bere

camel

kamela

ostrich

mpšhe

lion

tau

monkey

tšhwene

flamingo

nonyana ya flamingo

parrot

nonyana ya parrot

polar bear

bere ya polar

penguin

penguin

shark

shark

peacock

phikoko

snake

noga

crocodile

kwena

zookeeper

mohlokomedi wa di zoo

seal

sili

jaguar

jaquar

pony

pokolo

leopard

lepogo

hippo

hippo

giraffe

thutlwa

eagle

lenong

boar

kolobe ya naga

fish

hlaphi

turtle

khudu

walrus

walrus

fox

phiri

gazelle

phuthi

American football
kgwele ya Amerika

cycling
go reila paesekela

tennis
thenese

basketball
basketball

swimming
go rutha

boxing
ntwa ya matswele

ice hockey
hockey ya lehlweng

football
kgwele ya maoto

badminton
badminton

athletics
bakitimi

handball
polo ya matsogo

skiing
skiing

polo
polo

jump
taboga

laugh
sega

hug
gokara

walk
sepela

sing
opela

dream
lora

pray
rapela

kiss
atla

write
ngwala

draw
thala

show
bontšha

push
kgorometša

give
efa

take
tšea

have
e ba le

do
dira

be
eba

stand
ema

run
kitima

pull
goga

throw
lahlela

fall
e wa

lie
maaka

wait
emanyana

carry
rwala

sit
dula

get dressed
go apara

sleep
robala

wake up
tsoga

look at

lebelela

cry

lla

stroke

seterouko

comb

kamo

talk

bolela

understand

kwešiša

ask

botšiša

listen

theetša

drink

e nwa

eat

eja

tidy up

hlwekiša

love

lerato

cook

apea

drive

otlela

fly

fofa

sail

sesa

calculate

khalekhuleitha

read

bala

learn

ithute

work

mošomo

marry

nyala

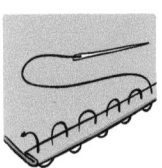

sew

roka

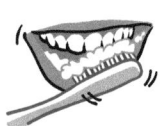

brush teeth

hlapa meno

kill

bolaya

smoke

kgoga

send

romela

activities - mediro

grandmother
makgolo

grandfather
rakgolo

father
tate

mother
mma

baby
ngwana

daughter
morwedi

son
morwa

guest
moeng

aunt
rakgadi

uncle
malome

brother
abuti

sister
sesi

body

mmele

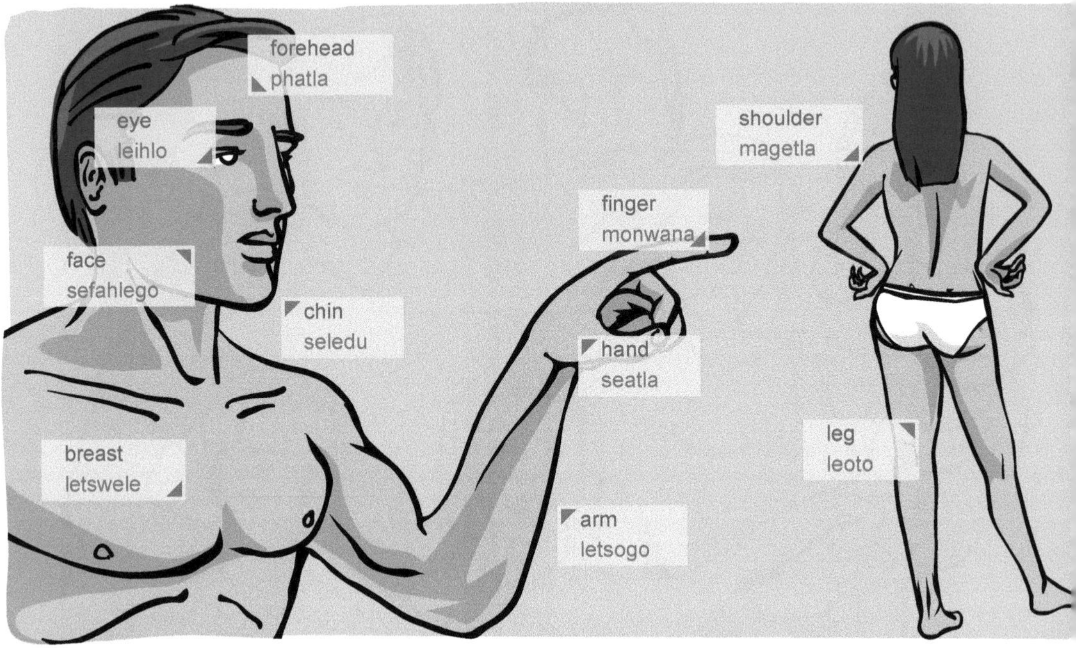

![body diagram]

forehead
phatla

eye
leihlo

shoulder
magetla

finger
monwana

face
sefahlego

chin
seledu

hand
seatla

breast
letswele

leg
leoto

arm
letsogo

baby
ngwana

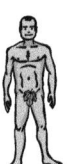

man
monna

woman
mosadi

girl
kgarebe

boy
mošemane

head
hlogo

body - mmele

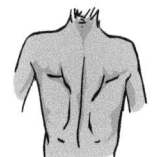

back

morago

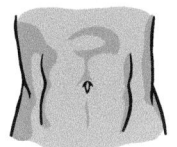

belly

mokhaba

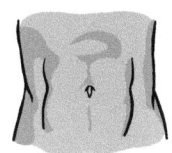

belly button

mokhubu

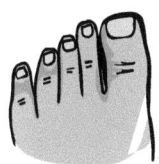

toe

monwana

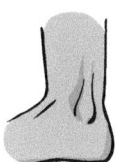

heel

tlhako

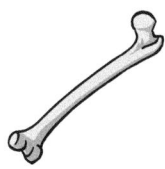

bone

lerapo

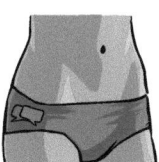

hip

matheka

knee

leoto

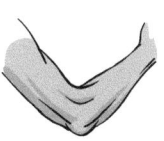

elbow

khuru

nose

nko

bottom

tlase

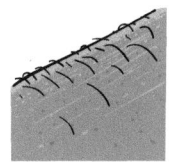

skin

letlalo

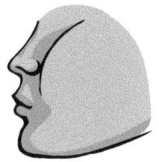

cheek

lerama

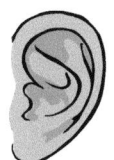

ear

tsebe

lip

molomo

mouth

molomo

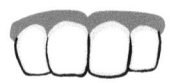

tooth

leino

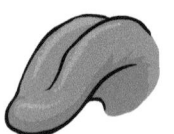

tongue

Leleme

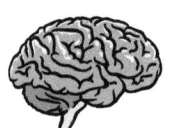

brain

bjoko

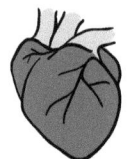

heart

pelo

muscle

segoba

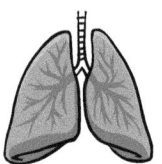

lung

maswafo

liver

sebete

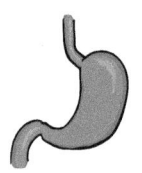

stomach

mala

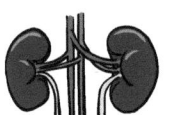

kidneys

diphsio

sex

thobalano

condom

condom

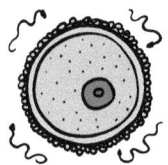

ovum

Ovum

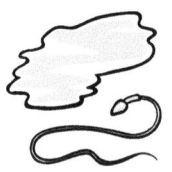

semen

matshedi

pregnancy

go ima

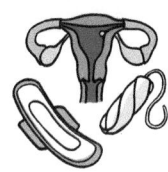

menstruation

go bona kgwedi

vagina

setho sa bosadi

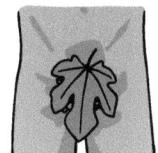

penis

setho sa bonna

eyebrow

dintši

hair

moriri

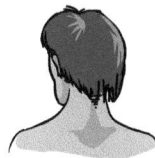

neck

molala

hospital
sepetlele

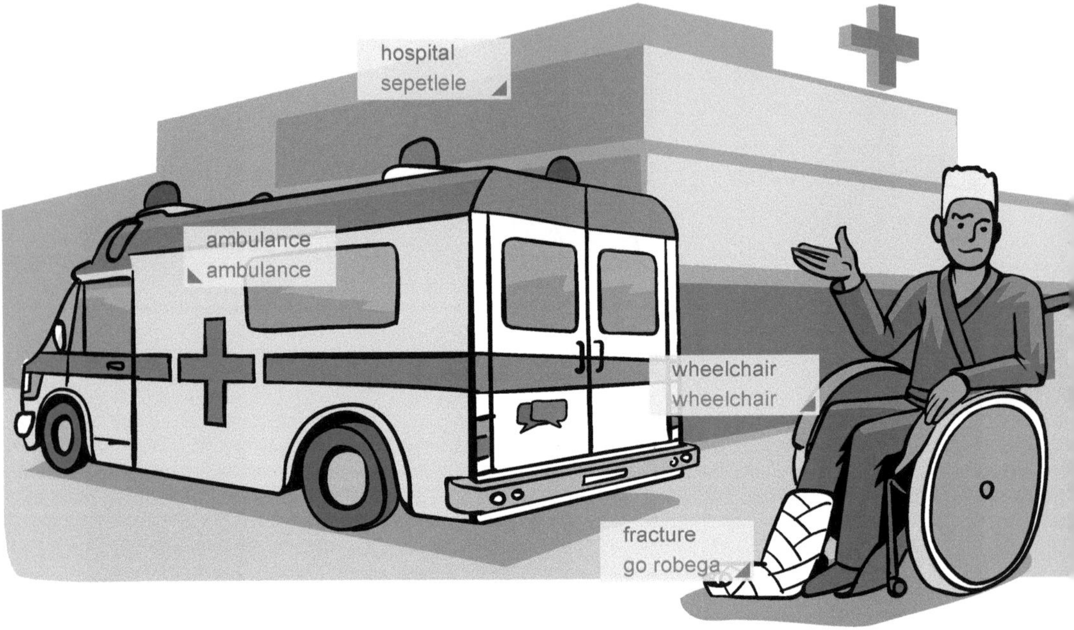

hospital
sepetlele
ambulance
ambulance
wheelchair
wheelchair
fracture
go robega

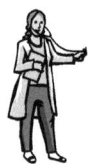

doctor

ngaka

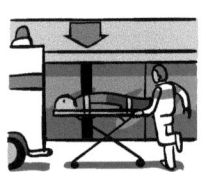

emergency room

phapoši ya tša tšhoganetšo

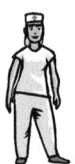

nurse

mooki

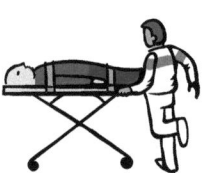

emergency

tšhoganetšo

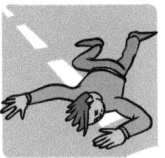

unconscious

go idibala

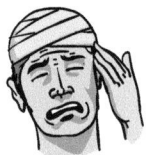

pain

bohloko

injury

go gobala

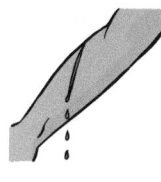

bleeding

go tšwa madi

heart attack

bolwetši bja pelo

stroke

setorouko

allergy

ge mmele o ganana le dijo

cough

go gohlola

fever

go gohlola

flu

sehuba

diarrhoea

letšhollo

headache

go opa ke hlogo

cancer

kankere

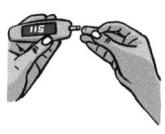

diabetes

swikiri

surgeon

mmui

scalpel

thipa ya scalpel

operation

go bulwa

CT

CT

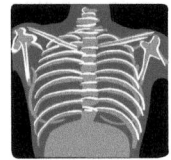

x-ray

x-ray

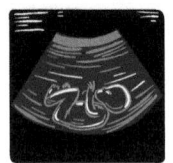

ultrasound

ultrasound

face mask

sethiba sefahlego

disease

bolwetši

waiting room

phapoši ya go leta

crutch

lehlotlo

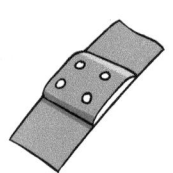

plaster

sedirišwa sa plaster

bandage

lešela la ntho

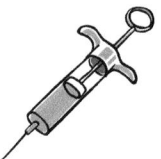

injection

nalete

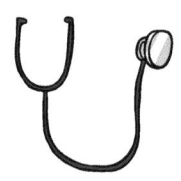

stethoscope

sthehosekoupo

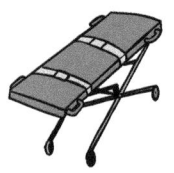

stretcher

seteretšhara

clinical thermometer

themoketha ya kgathelelo

birth

go belebga

overweight

mmele o mogolo

hearing aid

sethuša ditsebe

disinfectant

disinfectant

infection

twatši

virus

baerase

HIV / AIDS

HIV / AIDS

medicine

dihlare

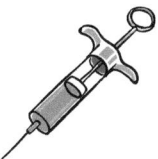

vaccination

tlhabelo ya go thibela malwetši

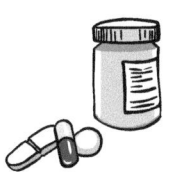

tablets

dipilisi

pill

pilisi

emergency call

mogala wa tšhoganetšo

blood pressure monitor

sehlahlobi sa pelo

ill / healthy

go babja / phetše gabotse

Help!	alarm	assault
Thušo!	alamo	go tšhošetšwa

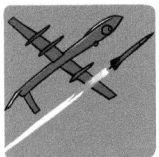		
attack	danger	emergency exit
tlhaselo	kotsi	go tšwa ka tšhoganetšo

Fire!	fire extinguisher	accident
Mollo!	setimamollo	kotsi

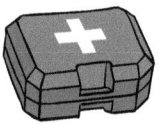		
first-aid kit	SOS	police
first-aid kit	SOS	maphodisa

Europe

Yuropa

North America

Amerika Bodikela

South America

Amerika Borwa

Africa

Afrika

Asia

Asia

Australia

Australia

Atlantic

Atlantic

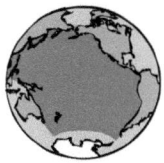

Pacific

Pacific

Indian Ocean

Lewatle la India

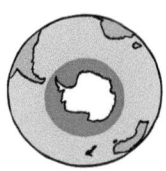

Antarctic Ocean

Lewatle la Antarctic

Arctic Ocean

Lewatle la Arctic

North Pole

North Pole

South Pole

South Pole

Antarctica

Antarctica

Earth

Lefase

land

naga

sea

noka

island

island

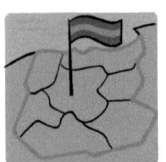

nation

naga

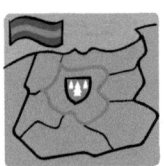

state

state

clock face

sešupanako sa dinomoro

hour hand

diiri tša sešupanako

minute hand

metsotso ya sešupanako

second hand

metsotswana ya sešupanako

What time is it?

Ke nako mang?

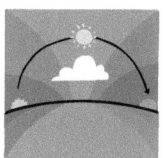

day

letšatši

time

nako

now

gona bjale

digital watch

sešupanako sa dinomoro

minute

metsotso

hour

iri

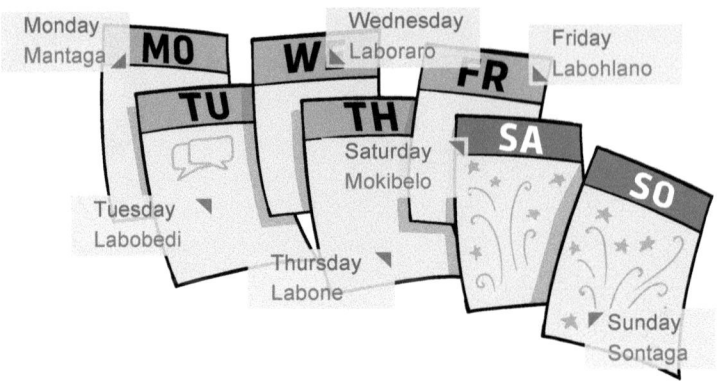

Monday
Mantaga

Wednesday
Laboraro

Friday
Labohlano

Tuesday
Labobedi

Saturday
Mokibelo

Thursday
Labone

Sunday
Sontaga

yesterday

maobane

today

lehono

tomorrow

ka moswana

morning

mesong

noon

Thapama

evening

mantšiboa

business days

matšatši a kgwebo

weekend

mafelobeke

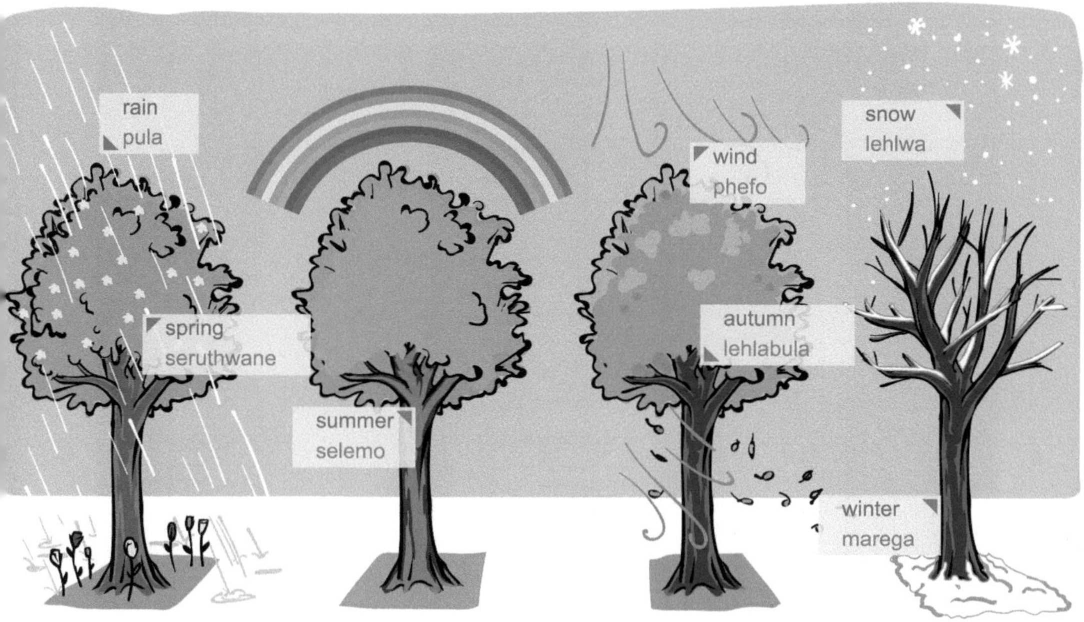

rain
pula
wind
phefo
snow
lehlwa
spring
seruthwane
autumn
lehlabula
summer
selemo
winter
marega

4.APRIL 11°
5.APRIL 4°
6.APRIL 13°
7.APRIL 8°
8.APRIL 10°

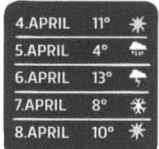

weather forecast

tsebišo ya leratadima

F C

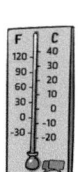

thermometer

thermometer

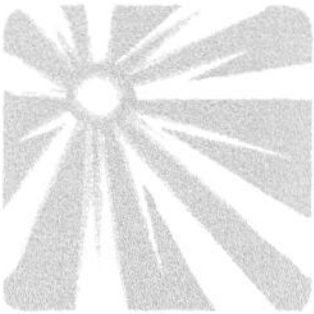

sunshine

mahlasedi a letšatši

cloud

maru

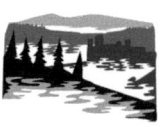

fog

kgudi

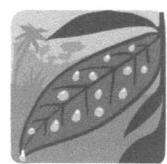

humidity

go koloba

lightning

legadima

thunder

legadima

storm

ledimo

hail

sefako

monsoon

ledimo

flood

lefula

ice

lehlwa

January

January

February

February

March

March

April

April

May

May

June

June

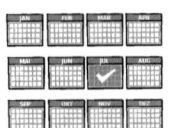

July

July

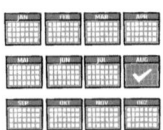

August

August

year - ngwaga

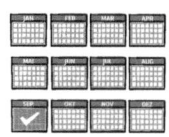

September

September

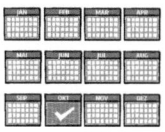

October

October

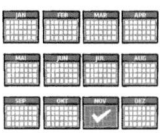

November

November

December

December

shapes
dibopego

circle

nthokolo

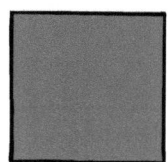

square

sekwere

rectangle

rectangle

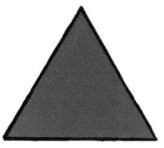

triangle

theraekele

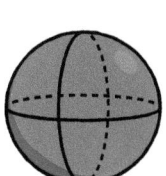

sphere

nthokolo

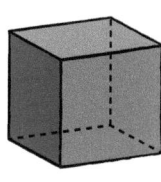

cube

cube

white

tshweu

yellow

kheri

orange

namone

pink

pinki

red

khubedu

purple

phepholo

blue

pududu

green

tala

brown

tshehla

grey

kerei

black

bontsho

a lot / a little

tše dintši / tše dinyenyane

angry / calm

befetšwe / theotše maswafo

beautiful / ugly

botse / befile

beginning / end

mathomo / mafelelo

big / small

kgolo / nyenyane

bright / dark

seetša / leswiswi

brother / sister

abuti / sesi

clean / dirty

hlwekile / ditšhila

complete / incomplete

feletše / ga se e felele

day / night

mosegare / bošego

dead / alive

hwile / o sa phela

wide / narrow

go bulega / go tswalelega

edible / inedible

e a jega / ga e jege

evil / kind

bobe / go loka

excited / bored

mahlahlo / go tšwafa

fat / thin

bokoto / bosese

first / last

mathomo / mafelelo

friend / enemy

mogwera / lenaba

full / empty

e tletše / ga e na selo

hard / soft

tiile / e bonolo

heavy / light

ya roba / e bobebo

hunger / thirst

tlala / mokhoro

ill / healthy

go babja / phetše gabotse

illegal / legal

ga e molaong / e molaong

intelligent / stupid

bohlale / lešilo

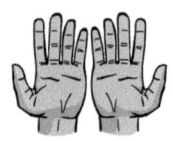

left / right

le letshadi / le letona

near / far

kgaufsi / kgole

new / used

mapsha / e dirišitšwe

nothing / something

selo / se sengwe

old / young

motšofadi / mofsa

on / off

laeta / tima

open / closed

bula / tswalela

quiet / loud

homola / rasa

rich / poor

go huma / go diila

right / wrong

e lokilego / e sa lokago

rough / smooth

makgwakgwa / go thelela

sad / happy

go nyama / go thaba

short / long

mokopana / motelele

slow / fast

go nanya / go kitima

wet / dry

go koloba / go oma

warm / cool

borutho / go tonya

war / peace

ntwa / khutšo

opposites - tša go fapana

0

zero

nnoto

1

one

tee

2

two

pedi

3

three

tharo

4

four

nne

5

five

tlhano

6

six

tshela

7

seven

šupa

8

eight

seswai

9

nine

senyane

10

ten

lesome

11

eleven

lesome tee

12

twelve

lesome pedi

13

thirteen

lesome tharo

14

fourteen

lesome nne

15

fifteen

lesome tlhano

16

sixteen

lesome tshela

17

seventeen

lesome šupa

18

eighteen

lesome seswai

19

nineteen

lesome senyane

20

twenty

masomepedi

100

hundred

lekgolo

1.000

thousand

sekete

1.000.000

million

milione

English

Seisemane

American English

Seisemane sa Amerika

Chinese Mandarin

Sechina sa Mandarin

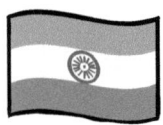

Hindi

Sehindi

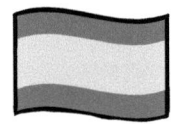

Spanish

Spanish

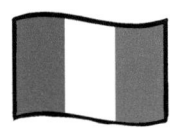

French

Sefora

Arabic

Searabic

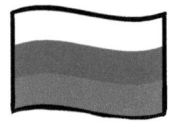

Russian

Serašia

Portuguese

Sepotokisi

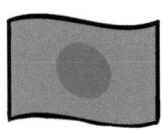

Bengali

Sebengali

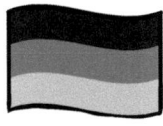

German

Sejeremane

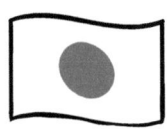

Japanese

Sefapane

I
Nna

you
wena

he / she / it
yena / yona

we
rena

you
wena

they
bona

who?
bomang?

what?
eng?

how?
bjang?

where?
mo kae?

when?
neng?

name
leina

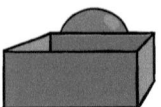

behind

ka morago

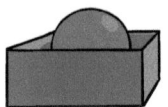

in

go

in front of

kgaufsi le

over

godimo ga

on

go

under

ka tlase ga

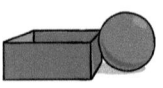

beside

ka lehlakoreng la

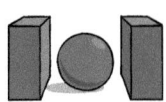

between

magareng ga

place

lefelo